Die mutigsten Kinder

Mein kleiner Leseschatz

BELTZ

Der **Kinderbuch**Verlag

Dieses Buch enthält die folgenden Geschichten:

Zilli, Billi und Willi

Eine Tiergeschichte von Elizabeth Shaw

Es waren einmal drei Schweinchen.
Zilli, Billi und Willi.

Zilli baute sich ein Haus aus Stroh.

Billi baute sich ein Haus aus Holz.

Willi baute sich ein festes Haus aus Stein.

»Nun«, sagten die drei Schweinchen, »wenn der böse
Wolf kommt, verstecken wir uns in unseren Häusern.
Wir haben keine Angst vor dem bösen Wolf!«

Eines Tages schlich der böse Wolf vorbei und wollte
die Schweinchen fressen. Zilli, Billi und Willi rannten
in ihre Häuser.

Der Wolf kam zu Zillis Haus aus Stroh und sagte:
»Ich werde husten und pusten und dein Haus wegpusten!« Er hustete und pustete, bis das Haus weg
war. Zilli rannte zu Billis Haus.

Der Wolf kam zu Billis Haus aus Holz und sagte: »Ich
werde husten und pusten und dein Haus wegpusten!« Er hustete und pustete, bis das Haus weg war.
Zilli und Billi rannten zu Willis Haus.

Der Wolf kam zu Willis Haus aus Stein und sagte:
»Ich werde husten und pusten und dein Haus wegpusten!« Er hustete und pustete und hustete und
pustete, aber das Steinhaus konnte er nicht
wegpusten.

Der Wolf hustete und pustete so sehr, dass er
platzte. Da lachten die drei kleinen Schweinchen.

Von nun an wohnten Zilli, Billi und Willi zusammen
in dem Haus aus Stein.
»Wir haben keine Angst vor dem bösen Wolf!«,
sagten sie.

Mischka, der Bär

Ein russisches Volksmärchen
mit Bildern von Ingeborg Meyer-Rey

Es war einmal eine Großmutter. Die lebte mit Mascha
und Dascha, ihren beiden Enkelkindern, zusammen.

Einmal wollte Dascha in den Wald gehen und Beeren
und frische Pilze suchen. Da sagte die Großmutter zu
ihr: »Kleine Dascha, geh nicht zu weit, weich nicht
vom Wege ab und spring nicht über Baumstümpfe,
hörst du, sonst wirst du dich verlaufen.«

»Ja«, sagte Dascha.

Dann ging sie in den Wald, pflückte Beeren und
sang ein Lied. Dabei kam sie, ohne es recht zu merken, doch vom Wege ab, ging tiefer in den dichten
Wald und sprang auch über Baumstümpfe.
Auf einer hohen Eiche saß ein Kuckuck,
der rief:

»Kuckuck, Kuckuck, dreh dich um, Mädchen, dreh
dich linksherum!«

Da ging das Mädchen nach links. Auf einmal schoss –
wer weiß, woher – der Mischka-Bär hervor und
sprang auf die kleine Dascha los. Er packte sie und
lief mit ihr davon. Er lief und lief bis in sein Haus.

Er hatte ein großes, sehr großes und prächtiges
Schloss.

Der Keller war nicht leer. Rüben, Kohl, getrocknete
Pilze und Honig waren darin. In der Vorratskammer
lag allerlei: Flaum und Feder – Wolle und Leder.
So brachte der Bär die kleine Dascha in sein Schloss
und sagte zu ihr: »Das ist fein, mir fehlt schon
lange eine Wirtschafterin. Du wirst hier wohnen,

wirst mir Fäustlinge nähen, den Ofen heizen und
Kuchen backen. Und ich werde auf die Jagd gehen
und Essen heranholen.«

Da weinte die kleine Dascha. Aber der Bär brachte ihr
Honig, Nüsse und Beeren und tröstete sie. Doch sie
blieb weiterhin betrübt und legte sich dann schlafen.
Am Morgen weckte sie der Mischka-Bär und sagte:
»Ich gehe jetzt wieder auf die Jagd, koch inzwischen
Kohlsuppe und web mir eine warme Decke!«

Dann ging Mischka fort und Dascha machte sich an
die Arbeit. Aber nichts wollte klappen, alles fiel ihr
aus den Händen. Sie wollte Kohlsuppe kochen – aber
das Wasser kochte über. Sie heizte den Ofen – doch
der verräucherte die ganze Küche. Sie setzte sich
zum Weben – da rissen die Fäden und es bildeten
sich Knoten.

Am Abend kam der Bär nach Hause. Die Küche war
ganz schwarz, vor lauter Rauch konnte man kaum

das Fenster erkennen. Die Kohlsuppe war ungesalzen und die Grütze schmeckte bitter.

Da brummte der Mischka-Bär, legte sich schlafen und deckte sich mit der neuen Decke zu. Aber wie fuhr er wieder in die Höhe!

»Das ist doch keine Decke, das ist ein grober Scheuerlumpen. Er piekt in die Beine und zerkratzt mir die Schultern.

Ach, du bist ja ein nachlässiges, faules Ding. Los! In den Keller! Setz dich dort hin, lese die Rüben aus und zähle die Kohlköpfe!«

Und er sperrte Dascha in den finsteren Keller.

Die Großmutter und Mascha suchten und suchten inzwischen die kleine Dascha, aber schließlich gaben sie alle Hoffnung auf. Da war nichts zu machen. Die Zeit verging. Nun wollte Mascha in den Wald gehen, um Beeren zu suchen. Die Großmutter sagte zu ihr: »Kleine Mascha! Geh nicht zu weit, geh nicht vom Wege ab und spring nicht über Baumstümpfe, hörst du, sonst wirst du dich verlaufen.«

»Ja«, sagte Mascha.

So ging Mascha in den Wald, pflückte viele Beeren und sang ein Lied. Dabei kam sie, ohne es recht zu merken, vom Wege ab, ging tiefer in den dichten Wald und sprang auch über Baumstümpfe.

Auf einer hohen Eiche saß ein Kuckuck, der rief:

»Kuckuck, bleibe stehn,
nach rechts musst du gehen!«
Da ging Mascha nach rechts.

Auf einmal schoss – wer weiß, woher – der Mischka-
Bär hervor und sprang auf die kleine Mascha los. Er
packte sie und lief mit ihr davon.
    Er lief und lief bis in sein Haus.

»Das ist fein«, sagte er, »ich brauche schon lange eine Wirtschafterin! Du wirst hier wohnen, wirst mir Fäustlinge nähen, den Ofen heizen und Kuchen backen. Ich gehe gleich auf die Jagd, koche inzwischen Kohlsuppe und web mir eine warme Decke!« Dann ging er fort.

Da ging Mascha im Haus umher und sah sich die Vorratskammer und den Keller an. In der Vorratskammer war allerlei, Flaum und Feder, Wolle und Leder. Auch der Keller war nicht leer. Rüben, Kohl, getrocknete Pilze und Honig waren darin. Und da – da saß ja auch die kleine Dascha, das

Schwesterchen. Wie freuten sich da die Mädchen. »Ach«, sagte Mascha, »ich werde mir schon etwas ausdenken, damit wir hier herauskommen.«

Sie ging hinauf und machte sich an die Arbeit. Sie kochte Kohlsuppe, dämpfte Grütze, fegte die Küche sauber und setzte sich an den Webstuhl. Sie webte und legte Faden zu Faden.

Der Bär kam heim; im Haus war es hell und sauber, die Kohlsuppe war fett und die Grütze heiß.
»Ach«, sagte er, »das ist ein kluges Kind, ein verständiges Mädchen!« Dann legte er sich schlafen,

deckte sich mit der neuen Decke zu und sagte: »Ah, auch die Decke hat sie gut gewebt! Leicht wie Flaum ist sie, warm wie ein Öfchen, mollig für meine Beine und weich für meine Schultern.«

So schlief er ein.

Und Mascha gab Dascha zu essen und dann durfte sie auf dem Ofen schlafen. Am Morgen stand der Mischka-Bär auf und sagte: »Womit kann ich dir eine Freude machen, kleines Mädchen? Du darfst mich um alles bitten, was du haben willst.«

Da sagte Mascha: »Ich brauche nichts, Mischka, aber bring doch meiner Großmutter etwas Kuchen!«

»Gut«, brummte er und Mascha sagte:

   »Ich werde viele Kuchen backen, werde sie in eine Kiepe legen und du bringst sie zur Großmutter und legst sie ihr vor die Tür! Aber sieh nicht in die Kiepe hinein und rühr die Kuchen nicht an! Ich werde auf dem Dach sitzen und dich beobachten.«

   »Gut«, brummte der Bär.

Nun ging Mischka auf die Jagd und die kleine
Mascha war bald mit dem Kuchenbacken fertig. Dann
setzte sie Dascha in die Kiepe, kletterte selber hinein
und deckte sich mit dem Kuchen zu.

Der Bär kam und sah die Kiepe mit dem Backwerk.
Er lud sie auf die Schultern und ging los.

Tap-tap-tap, er zertrat die Beeren, zertrampelte
das Gras und zerbrach die Äste. Dann wurde er müde
und bekam Hunger.

»Ach«, sagte er, »ich will mich auf den Baumstumpf setzen und will essen. Kuchen will ich essen!«

Aber Mascha rief mit einem ganz zarten Stimmchen: »Ich sitze gar hoch und ich sehe gar weit. Dass
du nicht auf dem Baumstumpf sitzt, dass du auch
keinen Kuchen isst!«

»Na«, brummte der Bär, »die kann aber weit
sehen!«

Und er lief geschwind weiter. Tap-tap-tap, zertrat
die Beeren, zertrampelte das Gras und zerbrach die
Äste.

Und wieder wurde er müde und
bekam Hunger.

»Nun«, brummte er,
»jetzt bin ich weit genug
vom Hause weg, jetzt
sieht mich die kleine Ma-
scha nicht mehr. Jetzt
setz ich mich auf den
Baumstumpf und esse
Kuchen.«

Und wieder rief Mascha
mit einem ganz feinen
Stimmchen aus der Kiepe:

»Ich sitze gar hoch und ich sehe gar weit! Dass du nicht auf dem Baumstumpf sitzt, dass du auch keinen Kuchen isst!«

»Nanu«, brummte der Bär, »die sieht mich immer noch! Da ist nichts zu machen. Ich muss die Kiepe recht schnell hinbringen und dann nach Hause gehen. Erst dort darf ich etwas essen!«

Und er lief ganz schnell weiter und kam zur Großmutter. Da warf er die Kiepe vors Tor und tapste schnell wieder davon. Die Großmutter kam heraus und sah die Kiepe stehen. Sie guckte hinein und erblickte die Kuchen. Da nahm sie ein Stück heraus, biss etwas ab und begann zu weinen: »Ach, das sind die gleichen Kuchen, wie sie meine Mascha so gut backen konnte. Wo mögen meine Enkelchen nur stecken, meine lieben kleinen Mädchen?«

Da sprangen die beiden heraus:

»Hier sind wir, Großmütterchen!«

Und alle fingen vor Freude an zu tanzen.

Sie tanzten und sangen:

»Trallala, nun lasst uns springen und ein fröhliches Liedchen singen!«

Das Bärenhaus

Eine Geschichte von Elizabeth Shaw

Es war einmal ein kleines Mädchen.
Eines Tages ging es im Wald spazieren.

Als es in den Wald kam, sah es ein kleines Haus,

dessen Tür offen stand.

Das Mädchen ging hinein. Niemand war im Häuschen.
Auf dem Tisch standen drei Schüsseln mit Suppe –

eine große Schüssel, eine mittlere Schüssel und eine
kleine Schüssel.

Daneben lagen drei Löffel – ein großer, ein mittlerer und ein ganz kleiner.

Das Mädchen nahm den großen Löffel und kostete aus der großen Schüssel. Die Suppe war viel zu heiß! Es nahm den mittleren Löffel und kostete aus der mittleren Schüssel. Die Suppe war viel zu kalt! Das Mädchen nahm den ganz kleinen Löffel und kostete aus der ganz kleinen Schüssel. Die Suppe war nicht zu heiß und nicht zu kalt und schmeckte sehr gut. Das kleine Mädchen wollte sich hinsetzen und gleich alles aufessen, weil es Hunger hatte. Es gab drei Stühle – einen großen, einen mittleren und einen ganz kleinen Stuhl.

Es setzte sich auf den großen Stuhl,
aber er war viel zu hoch.

Es setzte sich auf den mittleren Stuhl,
aber er war unbequem.

Es setzte sich auf den ganz kleinen Stuhl
und er war genau richtig.
Das Mädchen aß die Suppe ganz und gar auf.

Als es wieder aufstand,
fiel der Stuhl zu Boden
und brach entzwei.

Das Mädchen ging ins Nebenzimmer. Dort standen
drei Betten – ein großes Bett, ein mittleres Bett und

ein ganz kleines Bett. Das Mädchen war schon etwas
müde und wollte sich hinlegen.

Es legte sich auf das große Bett –
das war viel zu hart!

Es legte sich auf das mittlere Bett –
das war viel zu weich!

Es legte sich auf das ganz kleine Bett –
das war genau richtig! Da schlief das kleine Mädchen
fest ein.

Dann kamen die drei Bären nach Hause –

der große Bär, der mittlere Bär und der kleine Bär.

Die Bären traten ins Haus.

Sie merkten gleich, dass etwas nicht in Ordnung war.

»Wer hat auf
meinem Stuhl ge-
sessen?«, rief der
große Bär.

»Und wer hat auf meinem
Stuhl gesessen?«, rief der
mittlere Bär.

»Und wer hat auf meinem Stuhl gesessen
und ihn ganz und gar zerbrochen?«,
rief der ganz kleine Bär.

»Wer hat aus meiner Schüssel gekostet?«, brummte dann der große Bär.

»Und wer hat aus meiner Schüssel gekostet?«, rief der mittlere Bär.

»Und wer hat aus meiner Schüssel gekostet und alles aufgegessen?«, rief der ganz kleine Bär.

Dann schauten die drei Bären ins Schlafzimmer hinein.

Das Mädchen schlief noch fest.

»Wer hat in meinem Bett geschlafen?«, brummte
laut der große Bär.

»Und wer hat in meinem Bett geschlafen?«, brummte
nicht ganz so laut der mittlere Bär.

»Und wer hat in meinem Bett geschlafen und
schläft immer noch da?«, brummte ganz leise
der kleine Bär.

Das Mädchen wachte auf und sah die drei Bären.
Schnell stand es auf, rannte zum Fenster und sprang
hinaus.

So schnell, wie es konnte, rannte es weg in den Wald.
Das kleine Mädchen rannte und rannte, bis es nach
Hause kam, und die Bären haben es nicht fangen
können.

Wir haben
keinen Löwen

Eine Geschichte von Fred Rodrian
mit Bildern von Werner Klemke

Pritzelwitz ist eine nagelneue Stadt mit allem, was
dazugehört. Zum Beispiel ein Waschhaus, ein Flug-
platz, ein Schwimmbecken, ein Spielplatz, ein Kinder-
kaufhaus, in dem es aber keine Kinder zu kaufen gibt,
ferner eine Sternwarte und eine Bürgermeisterei.
Darin saß der Bürgermeister und wunderte sich.

Er wunderte sich, dass alle Kinder und viele
Erwachsene, wenn sie Zeit hatten und überhaupt
jeden Sonntag, in kleinen Trüppchen und einzeln sehr
leise aus der neuen Stadt spazierten und auf die Wie-
sen und Felder schlichen. Dort legten sie sich platt
auf den Bauch und guckten sehnsüchtig in den Wald.
Warum wohl? Der Bürgermeister bekam es heraus.

Sie wollten die Tiere des Waldes sehen, weil sie
Tiere liebhatten: alle Kinder der Stadt mitsamt
den Kindern Bienchen und Willi. Und wenn sie mal

einen Fuchsschwanz, eine Geweihspitze, ein Hasen-
ohr, selbst eine Wildschweinspur sahen, waren sie
glücklich. Das gefiel dem Bürgermeister. Manchmal
legte er sich auch auf eine Wiese. Aber er hatte nur
selten Zeit.

Weil der Bürgermeister klug war, dachte er sich: Es
macht nur im Sommer Spaß, platt auf dem Bauch
auf einer Wiese zu liegen, um Dachs und Fuchs und
Hirsch zu sehen. Im Winter zwickt einen doch sehr
die Kälte. Darum sagte er: Wir brauchen einen Tier
park! Er sagte es laut, und alle Kinder und Erwachse-
nen freuten sich. Vor allem Bienchen und Willi. Denn
sie hatten eine geheime Sehnsucht. Eine Sehnsucht,
von der sie niemandem erzählten.

Einen neuen Tierpark mitten in der Stadt zu bauen ist keine einfache Sache. Dazu gehört Arbeit. Und Geld. Deshalb machten alle mit. Das hämmerte und nagelte und schippte und grub, und es klirrte und knarrte und bumste und rumste und quietschte und pfiff – die ganze Stadt baute Wohnungen für die Gäste aus dem Tierreich: hübsche Gatter, wilde Felsen, auch Käfige.

Jeder tat etwas und jedem machte es Spaß. Und der Bürgermeister fuhr – bub – bub – bub – eine große Dampfwalze und freute sich wie ein König. Die Kinder sammelten Eicheln und Bucheckern als Futter und sie pflanzten Blumen und Büsche, damit es die Tiere schön hätten.

Dann hielten die Tiere ihren Einzug. Jeden Tag andere. Zuerst trippelten zwei Zwergmäuse herbei; dann kam ein herrlich schöner Hermelin, zwei dunkelgraue Kaninchen kamen, ein mutiger Hase, ein brandroter Fuchs, ein ärgerlicher Dachs, zwei wollige Lämmchen, ein sehr böser Wolf, drei lustige Affen, eine fürchterliche Hyäne, zwei anmutige Rehe, ein Storch, ein Täubchen, ein Papagei, ein rabenschwarzes Wildschwein, ein heiterer Hirsch aus Thüringen, ein Pony mit einer kleinen Kutsche, ein hungriges Biberpaar, zwei Kamele, eine Giraffe, die auf einem Schiff anreiste und über Halsschmerzen klagte. Sie hatte sich dauernd bücken müssen. Wegen der vielen Brücken.

Sie alle kamen, und die Kinder freuten sich. Auch ein Stinktier hatte die weite Reise nicht gescheut.

Ein Auerochse stürmte in sein Gatter. Ein Eisbär sprang von seinem Felsen ins kalte Wasser. Aus dem fernen märchenweiten Indien war sogar ein Elefant mit schwerem Schritt in den Tierpark gekommen.

Nun besaß die Stadt Pritzelwitz einen bildschönen
Tierpark. Zur Feier der Eröffnung redete der Bürgermeister eine besonders kurze Rede und sagte:

Liebe Menschen und Tiere! Seid
herzlich willkommen in unserem
Tierpark. Und fühlt euch wohl. Mir
gefällt der Tierpark, und ich habe
nur einen Wunsch: dass er euch
auch gefällt!

Alle Leute riefen: Ja! und: Prima!

Der kleine Willi und das kleine Bienchen aber sagten leise in den Lärm: Wir haben keinen Löwen! Denn
ein Löwe war ihre geheime Sehnsucht. Ein Löwe, ein
richtiger Löwe.

Das wisperte und flüsterte durch die Menschen-
menge. Eine Oma wiederholte es ganz erstaunt.
Ein Papagei rief es laut und unschön. Und der
Bürgermeister hörte es schließlich: Wir haben keinen
Löwen!

Na schön!, sagte der Bürgermeister. Es stimmt.
Wir haben keinen Löwen. Aber muss es denn nun
gleich ein Löwe sein? Erstens gibt es keinen Löwen.
Zweitens haben wir kein Geld für einen Löwen. Und
drittens ist der neue Tierpark auch ohne Löwen
schön. Stimmt's?

Ja!, riefen die Leute. Aber sie riefen es leiser. Und
Prima!, rief keiner. Obgleich der Tierpark auch ohne
Löwen recht schön war.

Aber ein Löwe ist ein Löwe!
Bienchen und Willi nahmen die Hände auf den Rü-
cken, machten lange Spaziergänge und dachten nach:
Wie kriegen wir einen Löwen?

Damit sie besser nachdenken konnten, gingen sie in
den Eisladen von Herrn Spritzbierlein und kauften
sich jeder eine große Eiswaffel zu 30. Das heißt: Sie
wollten sich jeder eine große Eiswaffel kaufen. Als sie
ihre Geldstücke sortierten und Herr Spritzbierlein mit
heftiger Stimme frage: Na, was ist?, da wusste Bienchen plötzlich etwas und sie sagte zu Herrn Spritzbierlein mit mutiger Stimme: Nichts! nahm Willi an
die Hand und schritt aus dem Eisladen.

Unerhört!, sagte Herr Spritzbierlein.

Willi aber machte ein Gesicht wie ein Fragezeichen.

Bienchen fragte: Was kosten zwei Eiswaffeln?

Willi sagte: 60 natürlich.

Und tausend Eiswaffeln?, fragte Bienchen.

Unheimlich viel!, sagte Willi.

Siehst du, rief Bienchen. Wir essen ein Jahr lang keine Eiswaffel.

Wir bitten alle anderen Kinder auch darum. Und das Geld sparen wir. So!

Und wofür?, fragte Willi.

Für unseren Löwen, du Döskopf!, sagte Bienchen.

Willi rief: Doll!

Dann zogen sie zum Bürgermeister.

Der sagte erst mal nichts, kniff dann ein Auge zu und fragte: Werdet ihr auch alle durchhalten? Ein Jahr ohne Eiswaffel?

Bestimmt!, sagte Bienchen.

Vielleicht!, sagte Willi.

Schön!, brummte der Bürgermeister. Er stellte gleich vor der Bürgermeisterei eine riesengroße Sparbüchse auf.

Und immer, wenn ein Kind sein Geldstück in die Sparbüchse warf, klingelte es leise. Weil alle Kinder ihre Geldstücke in die Sparbüchse warfen, war ein schönes Klingeln in der Stadt von morgens bis abends.

Leider klingelte es nach einigen Wochen immer leiser.

Und immer leiser und leiser.

Denn Herr Spritzbierlein stand in seiner Ladentür, lächelte wie ein Honigkuchen und rief mit kräftiger Stimme: Eis, Eis, ihr Kinderlein! Kommt! Eis, süßes Eis!

Da gingen manche Kinderbeine wie von alleine in den Eisladen. Auch die Beine von Willi. Er kaufte eine Eiswaffel und noch eine und noch eine.

Ach, du, sagte Bienchen traurig.

Willi brummelte: Ich hab versucht, Leitungswasser zu trinken, statt Eis zu essen. Die anderen Kinder auch. Aber Wassertrinken ist ungesund.

Dann werden wir eben kein Geld für den Löwen zusammenbekommen, antwortete Bienchen.

Beide waren sehr bekümmert.

Willi sagte leise: Eis macht doch den Hals kalt, stimmt's?

Ja, sagte Bienchen.

Dann werde ich von heute an immer, wenn ich Eis essen will, nach Hause laufen und mir kalt den Hals waschen.

Mit Seife?, fragte Bienchen.

Gut, mit Seife, antwortete Willi.

Und werden die anderen mitmachen?

Bestimmt, sagte Willi.

Und von da an klingelte es in der Sparbüchse wieder lauter und lauter und lauter.

Der Herr Spritzbierlein aber verkaufte nach einer kleinen Weile Seife. Für die Kinderhälse.

Eines Tages sagte der Bürgermeister: Es wird reichen mit dem Geld.
Jetzt kommt die große Frage: Wo gibt es einen Löwen? Kümmert euch darum.

Zuerst schrieben Bienchen und Willi an die schöne Stadt Braunschweig. Sie hatten gehört: Dort gäbe es Löwen. Doch die Antwort klang unbefriedigend. In Braunschweig gab es einen einzigen Löwen, und der ist achthundert Jahre alt und aus Bronze. Da konnte man nichts machen.

Sie schrieben an das stolze Land England. Sie hatten vom englischen Löwen gehört. Aber der englische Löwe ist nur ein – allerdings sehr schön gemaltes – Wappentier. Das gaben die Engländer nicht her.

Schließlich gingen Bienchen und Willi zu Doktor Bilebul. Der war Sterndoktor in der Sternwarte. Doktor Bilebul verfügte über einen einzigen Löwen. Und zwar in seinem Fernrohr. Es handelte sich um ein Sternbild. Das war nur nachts zu sehen und bei wolkenlosem Himmel und war so weit weg. Da war nichts zu machen. Höchstens für Kosmonauten.

Das alles stimmte Bienchen und Willi wenig fröhlich.

Sie malten mit ihren Freunden ein Schild. Das stellten
sie dem Bürgermeister vors Fenster. Auf dem Schild
stand:

Und das stimmte.

   Schön!, sagte der Bürgermeister, der traurig aus
dem Fenster sah. Wir haben keinen Löwen. Also
brauchen wir einen Löwen. Mein Rat ist: Bienchen
und Willi schreiben nach Afrika. Da gibt es die meisten Löwen. Und nun lasst mich in Ruhe. Ich habe
mehr zu tun!
Sofort setzten sich Bienchen und Willi hin und
schrieben.

Sie schrieben einfach:

Liebe Freunde
in Afrika!
Wir haben keinen
Löwen. Aber wir
möchten so gern
einen. Weil wir
Löwen sehr lieb
haben. Geld
ist auch da.

Herzliche
Grüße!
Bienchen
und
Willi
aus Pritzelwitz

Der Bürgermeister machte ein dickes Siegel darunter
und sagte: Ich kann mich aber nicht dauernd um
Löwen kümmern. Dann ging der Brief auf die Reise.

Ach, liebe Kinder, war das eine schöne Warterei.
Willi saß meist mit seinen Freunden vor der Post und
wartete auf den Antwortbrief aus Afrika. Bienchen

dagegen hatte ihre Freundinnen vor dem Bahnhof versammelt. Sie guckten auf jede Kiste – falls die Afrikaner gleich per Express den Löwen schickten.

Was kamen da alles für Kisten an: Apfelkisten. Seifenkisten. Leere Kisten. Eierkisten. Käsekisten. Kisten, in denen nur Kisten waren, Kistenkisten also. Und Spielzeugkisten. Eines Tages kam eine Kiste, in der es trampelte und quietschte! Unser Löwe!, schrien alle.

Aber es war nur eine Schweinekiste.

Leider können wir keinen Löwen schicken. Hier sind die Löwen äußerst knapp. Es haben zu viele dumme Leute mit großen Gewehren die prächtigsten Löwen totgeschossen.

Hier konnte der Bürgermeister nicht weiterlesen. Er hatte eine dicke Träne im Auge. Und Bienchen und Willi und alle Pritzelwitzer Kinder weinten und waren wütend.

Schließlich las der Bürgermeister weiter:

Aber neulich haben wir einige bildschöne Löwen be-
kommen. Sie kamen von weit her und sprechen eine
putzige Sprache. Sie kamen aus Leipzig. Vielleicht
bekommt Ihr dort Euren Löwen.

Freundliche Grüße!
Eure Afrikaner

Das ist doll!, rief der Bürgermeister. Wenn ich auch
wenig Zeit habe: Morgen fahre ich nach Leipzig.
    Und ich? Und ich? Und ich?, riefen die Pritzelwitzer
Kinder samt Bienchen und Willi.

Ihr bleibt hier!, sagte der Bürgermeister. Ich kann mich nicht noch mit euch rumplagen. Ich habe mehr zu tun.

Am nächsten Morgen fuhr er los. Sehr eilig. Nach Leipzig. Er fuhr gleich zum Leipziger Zoo und sah die schönsten Leipziger Löwen. Tatsächlich. Kleine Löwen. Große Löwen. Gewaltige Löwen. Einer schöner als der andere. Einer stolzer als der andere. Sie gefielen ihm alle. Schnell ging der Bürgermeister zum Zoodirektor und sagte: Ich möchte einen Löwen für die Pritzelwitzer Kinder.

Einen ganz bestimmten?, fragte der Direktor.

Nein!, sagte der Bürgermeister. Ich finde sie alle schön. Kann ich unseren gleich mitnehmen? Ich habe wenig Zeit. Leider nicht!, sagte der Direktor. Der Löwe muss erst gewogen und geimpft werden. Wir schicken ihn morgen. Mit der Bahn.

Gut!, sagte der Bürgermeister. Dann fuhr er eilig los.

Am nächsten Morgen belagerten die Kinder den
Bahnhof und beguckten jede große Kiste. Was ka-
men da wieder alles für Kisten an: Apfelkisten.
Seifenkisten. Leere Kisten. Eierkisten. Käsekisten.
Kistenkisten. Spielzeugkisten. Und schließlich eine
Riesenkiste, in der es trampelte und brüllte! Unser

Löwe!, schrien alle. Bienchen und Willi riefen streng:
Ordentlich hinstellen! Sie kletterten auf die Kiste –
da war ein Ochse drin und zeigte seine Hörner.

Bald rollten Fuhrwerke an und große und kleine Au-
tos. Sie holten die Kisten weg. Eine große Löwenkiste
war nicht gekommen. Die Kinder guckten sich an. Sie
schimpften ein bisschen miteinander. Sie gingen nach
Hause und waren unzufrieden. Bienchen und Willi am
meisten.

Der Bahnhofsvorsteher mit der roten Mütze war auch unzufrieden. Eine Kiste hatte nämlich keiner abgeholt. Eine kleine Kiste. Sie stand unbeachtet in einer Ecke. In der Kiste mauzte und fiepte es. Auf der Kiste stand:

An den Bürgermeister von Pritzelwitz.

Der Bahnhofsvorsteher rief beim Bürgermeister an und der Bürgermeister kam sofort. Er sah in die Kiste, bekam ganz, ganz glückliche Augen und sagte: Ist das ein lieber, kleiner Löwe!

Am Nachmittag schallte es von allen Pritzelwitzer Lautsprechern: Alle Kinder wollen bitte in den Tier-park kommen. Der Löwe ist da. Kein Kind fehlte am Nachmittag. Selbstverständlich waren Willi und Bien-chen da.

Der Bürgermeister machte ein geheimnisvolles Ge-sicht und sagte: Guten Tag, ihr Schlafmützen! Sucht euch euren Löwen!

Bienchen und Willi fragten: Ist der Löwe wirklich da?

Wirklich!, sagte der Bürgermeister. Mein Bürgermeisterwort!

Nun suchten die Kinder den Löwen. Sie suchten ihn überall da im Tierpark, wo es brüllte und zitterte, wo es richtig wild war: beim Auerochsen, beim Elefanten, beim Eisbären, beim Wolf, selbst bei der sanften Giraffe mit den Halsschmerzen.

Ein Löwe war nicht zu finden.

Na, wo ist der Löwe?, rief der Bürgermeister.

Sie haben uns verkohlt!, sagten Bienchen und Willi böse, und: Wir haben keinen Löwen!, riefen die Kinder.

Und was ist das?, rief der Bürgermeister. Er schlug seinen Mantel zurück und zeigte etwas Weiches, Wolliges und Kleines mit einer rosa Zunge und einem prächtigen Schnurrbart.

Ein Löwe?, fragte Willi.
Ein Löwe!, rief Bienchen.

Von der Post her klang lustiger Lärm.

Der Brief aus Afrika war gekommen. Alle Kinder stürmten zum Bürgermeister. Der setzte die Brille auf und las vor:

Liebes Bienchen, lieber Willi,

hochverehrte Pritzelwitzer!

Wir bestätigen dankend den Erhalt Eures geschätzten Briefes. Es wäre uns eine große Freude, Euch einen Löwen zu schicken –

hier putzte sich der Bürgermeister die Brille, dann las er weiter:

Einige Kinder maulten und sagten: Der ist ja noch so klein. Da sagte der Bürgermeister: Werdet ihr noch wachsen?

Natürlich!, riefen die Kinder.

Der Löwe auch!, sagte der Bürgermeister. Und wie! Jeder kann ihn jetzt mal streicheln.

Alle Kinder freuten sich. Bienchen und Willi aber vergaßen nicht, was Kinder gern vergessen. Sie gingen zum Bürgermeister und sagten: Vielen, vielen, vielen Dank!

Wenn ihr ihn nur liebhabt!, brummte der Bürgermeister.

Bienchen und Willi streichelten noch mal den Löwen und den Bürgermeister streichelten sie gleich mit.

Dann rannten sie zum Rathaus und änderten das Schild. Da stand nun zu lesen:

Brüderchen Vierbein

Eine Geschichte von Eva Strittmatter
mit Bildern von Ingeborg Meyer-Rey

Es lebte einmal ein kleines Mädchen mit seiner
Mutter in einer Hütte, das hatte nicht Bruder noch
Schwester, und weil seine Mutter tagsüber ihrer
Arbeit nachging, war das kleine Mädchen oft allein.

Tagaus, tagein spielte es mit einem Kloben Holz, wickelte ihn in bunte Lappen und nannte ihn sein hölzernes Söhnchen. Eine alte Kiste und ein wenig Heu nahm es zum Bett für den Kloben. Das war sein Ein und Alles.

Weil der Kloben aber so steif und stumm war, sang das Mädchen, wenn es ihn wiegte, oft:

Hölzernes Söhnchen mein,
hätt ich ein Lebelein,
Zweigebein, Viergebein,
sollt es mein Bruder sein.

Eines Tages, als das Mädchen mit dem Kloben ausging, fand es einen Kater, dem der Jäger den Pelz mit Schrotkörnern zerlöchert hatte.
Das Mädchen redete freundlich mit dem Kater und streichelte ihn.

Da lief der Kater dem Mädchen nach, lief durch Straßen

und Gassen bis zum
Hüttchen, in dem das
Mädchen wohnte.

Das Mädchen bekam
vor Freude rote Bäck-
chen und fragte den
Kater: »Viergebein,
willst du mein Bruder
sein?«

Der Kater maunzte.
Da verband das Mädchen dem Kater die Wunden, so
gut es konnte, gab ihm zu essen und zu trinken, setzte ihn zum Kloben in die Kiste und nannte ihn Brüderchen Vierbein.

Als die Mutter von der Arbeit heimkam, schalt sie:

»Haben wir nicht Sorgen zuviel und Essen und Trinken zuwenig? Was soll uns ein Kater?«

Als sie aber sah, wie lieb das Mädchen den Kater
hatte, und als sie hörte, dass es den Kater Brüderchen Vierbein nannte, tat der Mutter das einsame
Kind leid. Sie ließ den Kater in ihrer Hütte wohnen
und gab ihm von ihrem kargen Brot zu essen.

Über eine Weile pochte eine dicke Frau ans Tor der Hütte und rief: »Ihr habt meinen Kater gestohlen! Gebt ihn heraus!«

Der Kater fauchte zornig, als er die Stimme seiner Herrin hörte.

Das kleine Mädchen öffnete die Tür und sagte: »Ich hab ihn gehegt, ich hab ihn gepflegt, der Kater ist mir ein Bruder.«

Und der Kater schmiegte sich an das Mädchen.

Die dicke Frau aber hörte nicht darauf.

Sie packte den Kater, doch der Kater zerkrallte ihr

die Hand. Da steckte ihn die Frau in einen Sack und nahm ihn mit.

Das Mädchen war wieder mit dem Kloben allein, und wenn es ihn wiegte, sang es:

Hölzernes Söhnchen mein,
hätt ich ein Lebelein,
Zweigebein, Viergebein,
sollt es mein Bruder sein.

Eines Tages, als das Mädchen mit dem Kloben ausging, fand es einen großen Hund, der hatte seine Pfote in einen Torspalt geklemmt. Das Mädchen machte den Hund frei und streichelte ihn. Da lief der Hund

dem Mädchen nach, lief durch Straßen und Gassen bis zur Hütte.

Das Mädchen bekam vor Freude rote Bäckchen und fragte den Hund: »Viergebein, willst du mein Bruder sein?«

Der Hund bellte.

Da gab das Mädchen dem
Hund zu essen und zu trinken und nannte ihn Brüderchen Vierbein.

Als die Mutter heimkam,
schalt sie:

»Haben wir nicht Sorgen zuviel und Essen und Trinken zuwenig? Was soll uns ein Hund?«

Als sie aber sah, wie lieb das Mädchen den
Hund hatte, und als sie hörte, dass es den Hund Brüderchen Vierbein nannte, tat ihr das einsame Kind
leid. Sie ließ den Hund in ihrer Hütte wohnen und von
ihrem kargen Brot essen.

Über eine Weile pochte ein reicher Mann ans Tor
und rief: »Ihr habt meinen Hund gestohlen! Gebt ihn
heraus!«

Der Hund bellte böse, als er die Stimme seines
Herrn hörte. Das kleine Mädchen öffnete die Tür und
sagte: »Ich hab ihn gehegt, ich hab ihn gepflegt. Der
Hund ist mir ein Bruder.« Und der Hund schmiegte
sich an das Mädchen.

Doch der reiche Mann hörte nicht darauf und packte den Hund. Da zerbiss der Hund seinem Herrn die Hand. Der Herr aber schlang dem Hund eine Schnur um den Hals und zog ihn mit sich fort.

Das Mädchen war wieder mit dem Kloben allein, und wenn es ihn wiegte, sang es:

Hölzernes Söhnchen mein,
hätt ich ein Lebelein,
Zweigebein, Viergebein,
sollt es mein Bruder sein.

Eines Tages ging das Mädchen wieder mit dem Kloben aus, da traf es ein kleines weißes Pferd. Das Pferd war seinem Herrn fortgelaufen, weil er es alle Tage schlug.

Das Mädchen hatte ein einziges Zuckerstück, das gab es dem kleinen weißen Pferd.

Da lief das Pferd dem Mädchen nach durch Straßen und Gassen bis zum Hüttchen.

Das Mädchen bekam vor Freude rote Bäckchen und fragte das Pferd:

»Viergebein, willst du mein Bruder sein?«

Das Pferd wieherte. Da nahm das Mädchen das kleine Pferd mit in die Hütte, gab ihm zu essen und zu trinken und nannte es Brüderchen Vierbein.

Als die Mutter heimkam, schalt sie:

»Haben wir nicht Sorgen zuviel und Essen und Trinken zuwenig?

Was soll uns ein Pferd?«

Als sie aber sah, wie lieb das Mädchen das kleine Pferd hatte, und als sie hörte, dass es das Pferd Brüderchen Vierbein nannte, tat ihr das einsame Kind leid. Sie ließ das Pferd in ihrer Hütte wohnen und von ihrem kargen Brot essen.

Eines Tages aber pochte der böse
Mann ans Tor, dem das weiße Pferd
gehörte, und rief: »Ihr habt mein
Pferd gestohlen! Gebt es heraus!«

Das Pferd schnob zornig, als es
die Stimme seines Herrn hörte.

Das kleine Mädchen öffnete
die Tür und sagte:

»Ich hab es gehegt, ich hab es gepflegt. Das Pferd ist mein Bruder.« Und das
weiße Pferd wieherte freundlich dazu.

Doch der böse Mann wollte nichts hören. Er packte das Pferd. Da schlug das Pferd seinen Herrn. Der
Herr aber nahm die Peitsche und trieb das Pferd fort.

Da war das kleine Mädchen bitter traurig.

Es weinte und weinte, die Augen taten ihm weh. Es wiegte sein hölzernes Söhnchen und sang:

Drei Vierbein warn mein,
bin wieder allein.

Wie aber das Mädchen so sang, fielen seine Tränen, eine um die andre, auf das hölzerne Söhnchen herab. Und wie es immer heftiger weinte, begann sich das hölzerne Söhnchen zu regen. Es reckte und streckte sich, und im Nu wurde aus dem Kloben ein Knabe. Er sprang vom Arm des Mädchens herab und rief:

Zweigebein, Viergebein,
ich will dein Bruder sein.

Das Mädchen bekam vor Freude Bäckchen wie Weihnachtsäpfel so rot, es nahm das Brüderchen bei der Hand und lief mit ihm zur Mutter.

Wie die Mutter den Knaben nur ansah, hatte sie ihn lieb. Sie sagte zu ihm »mein Söhnchen«, und von Stund an war das kleine Mädchen nie mehr allein.

Dieses Buch ist erhältlich als: ISBN 978-3-407-77232-9 Print •
© 2023 Beltz | Der KinderbuchVerlag in der Verlagsgruppe Beltz •
Weinheim Basel • Werderstraße 10, 69469 Weinheim • Alle Rechte
vorbehalten • Neue Rechtschreibung • Einbandillustration: Elizabeth Shaw • Herstel-
lung: Jasmin Kerstner • Druck und Bindung: Beltz Grafische Betriebe, Bad Langen-
salza • Beltz Grafische Betriebe ist ein klimaneutrales Unternehmen (ID 15985-2104-
100). • Printed in Germany • 1 2 3 4 5 27 26 25 24 23 • Weitere Informationen zu
unseren Autor:innen und Titeln finden Sie unter: www.beltz.de